ERSTE HILFE DEUTSCH

W0264497

Alphabetisierung für Kinder

Hueber Verlag

3. 2. 1. | Die letzten Ziffern
2020 19 18 17 16 | bezeichnen Zahl und Jahr des Druckes.
Alle Drucke dieser Auflage können, da unverändert, nebeneinander benutzt werden.
1. Auflage

Umschlaggestaltung: creative partners GmbH, München
Satz: creative partners GmbH, München und Memminger MedienCentrum AG, Memmingen
Mit freundlicher Genehmigung

Buchstaben und Wörter, Lernspaß für die Vorschule
Text: Frank Becker / Illustrationen: Stefan Lohr
und
Lern-Detektive – Schwungübungen – 1. Klasse Deutsch
Text: Mariam Ardemani / Ulrich Schneider-Struben
Illustrationen: Irmtraut Teltau
Umschlagillustration/Character: Loori
Printed in Germany
ISBN 978–3–19–341003–0

Art. 530_23142_001_01

Inhalt

Vorwort

Liebe Eltern, liebe Lehrerinnen und Lehrer,

„Erste Hilfe Deutsch – Alphabetisierung für Kinder“ ist als nützliche Hilfe für die ersten Schritte hin zum Erlernen der lateinischen Schrift gedacht.

Mit einfachen, spielerischen Übungen lernen Kinder ab fünf Jahren die ersten „Buchstaben und Wörter“.

Mit den „Schwungübungen“ im zweiten Teil des Buches trainieren die Kinder nicht nur die für das Schreiben notwendige Feinmotorik, sondern auch Gedächtnis, Konzentration, Ausdauer und Kreativität und werden so auf die Anforderungen der Grundschule vorbereitet.

Hinweise und Erklärungen auf Arabisch und Farsi sprechen Muttersprachler dieser Sprachen direkt an und erleichtern so den Zugang zu den Lerninhalten.

Viel Freude und Erfolg wünscht Ihr
Hueber Verlag

مقدّمة عامّة باللغة العربيّة

أعزّاؤنا أولياء الأمور وحضرات المعلّمات والمعلّمين

سلسلة كتب «المساعدة الأولى في اللغة الألمانية لتعليم الأطفال الحروف» هي مجموعة كتب مصّورة يرمي الغرض منها إلى تقديم مساعدة أوليّة بمثابة خطوة تمهيدية لتعليم الأطفال الحروف اللاتينيّة.

من خلال تمارين على شكل ألعاب مُسليّة يتعلّم أطفال الخمس سنوات في هذه المجموعة مبادئ قراءة «الحروف والكلمات» . أمّا الجزء الثاني فهو يُكسب الأطفال مهارات الضبط الدقيق لحركة أصابعهم عند الكتابة ويُهيّئهم التهيئة اللازمة لمتطلبات المدرسة الابتدائية بتنمية قدراتهم على التذكّر والتركيز والمثابرة إضافة إلى تطوير مهاراتهم الابداعية والابتكارية.

من أجل تسهيل التعرف على محتويات الكتاب تتم قراءة المقدمة باللغتين العربية والفارسية.

تمنيّاتنا لكم بالتوفيق والنجاح وبقضاء وقت ممتع مع سلسلة هذه الكتب التعليمية للأطفال
دور هوبر للنشر

پیشگفتار

والدین و معلمین محترم

«کمکهای اولیه آلمانی - آموزش الفبا به کودکان» به عنوان کمک مؤثر و گامهای اولیه جهت فراگیری حروف لاتین در نظر گرفته شده است.

کودکان پنج سال به بالا می توانند با تمرینهای ساده به آسانی «حروف الفبا و کلمات» را بیاموزند.

کودکان می توانند با تمرینهای مربوط به پیچ و تاب حروف در بخش دوم کتاب نه تنها از مهارت های ظریف حرکت دست بهره مند شوند بلکه با تقویت حافظه، تمرکز، پشتکار و خلاقیت خود جهت ورود به دبستان آمادگی پیدا کنند.

پیشگفتارها به زبان های عربی و فارسی نیز قابلیت فهم مطالب آموزشی این کتاب را برای متکلمین به این دو زبان آسان تر می کند.

انتشارات هوبر برای شما آرزوی موفقیت دارد.

Teil 1

Buchstaben und Wörter

Autor: Frank Becker
Illustration: Stefan Lohr

Inhalt

Hinweise

Liebe Eltern, liebe Lehrerinnen und Lehrer,

„Buchstaben und Wörter" eignet sich für Kinder ab dem Vorschulalter und bereitet sie mit Spaß und abwechslungsreichen Übungen auf das Schreiben und einen erfolgreichen Schulstart vor.

In jedem der elf doppelseitigen Kapitel werden ein bis zwei Buchstaben spielerisch eingeführt und geübt. Thematisch orientiert sich das Heft dabei an der Erlebnis- und Interessenswelt der Kinder (Kindergarten, Geburtstag, Bauernhof, Spielzeugladen, Jahrmarkt etc.).

Die Lösungen auf Seite 34 dienen der Selbstkontrolle und leiten behutsam zum selbstständigen Lernen an.

Für das Verständnis der Aufgabenstellung ist das Vorlesen durch einen Erwachsenen hilfreich. Unterstützen Sie die Kinder beim Lernen, beantworten Sie Fragen und loben Sie sie für ihre Leistungen. Das stärkt das Selbstvertrauen und erhöht die Motivation zum Weiterlernen.

Ganz am Ende gibt es noch zwei Extra-Seiten mit Bildern zum Ausmalen.

Viel Spaß mit „Buchstaben und Wörtern"!
Ihr Hueber Verlag

Tipps für die Kinder

In diesem Heft findest du viele lustige Aufgaben, Spiele, Spieltipps und Bastelanleitungen.

Hast du schon den Stickerbogen am Ende des Buches entdeckt? Wenn du mit einer Seite fertig bist, darfst du den Bärensticker oben rechts einkleben.

Der rote Stift bedeutet: Diese Aufgabe ist etwas schwieriger als eine Aufgabe mit grünem Stift.

مقدمة كتاب «الحروف والكلمات» باللغة العربية

أعزّاؤنا أولياء الأمور وحضرات المعلّمات والمعلّمين
كتابُنا هذا بعنوان «الحروف والكلمات» تمّ إعداده خصّيصا لأطفال في مرحلة ما قبل المدرسة بهدف تعليمهم الكتابة من خلال تمارين شيّقة متنوّعة الأشكال تساعدهم على بدء عامهم الدّراسي الجديد بداية موفقة.
إن هذا الكتاب يتألف من أحد عشر بابًا يحتوي كل واحد منها على صفحة بحرفين مشروحين بأسلوب سهْل وجذّاب على وجه الصفحة وظهرها. وتتطرق مواضيع الكتاب إلى عالم الأطفال، هذا العالم المثير الزاخر بالمغامرات الذي فيه نتعرف على روْضات الأطفال ونحتفل بأعْياد الميلاد ونشاهد مزارع الريف وحيوانتها ونزور محلات لعب الأطفال ونشارك في الاحتفالات الشعبية على اختلافها.
أما حلول التمارين الموجودة في النهاية فيتلخّص دورها في تنمية قدرات الطفل على المراقبة الذاتيّة إضافة إلى تشجيعه على التعلّم بنفسه دون الحاجة إلى مساعدة الآخرين.
ومما لاشك فيه أنّ القراءة المسموعة ضرورية لتطوير قدرات الطفل على فهم أغراض تمارين الكتاب التعليمية واستيعابها. لذلك لابد من الوقوف إلى جانب الطفل أثناء الدراسة والإجابة على أسئلته الإجابة الوافية وعدم التردد في مدح إنجازاته والثناء عليها. إن توفرُّ مثل هذا المناخ الملائم يساعد على نمو ثقة الطفل بنفسه ويقوي روحه المعنوية بل ويعزّزها.
في نهاية الكتاب توجد صفحتان زاخرتان برسومات للتلوين.
نتمنى لكم وقتًا طيبا مع كتاب «الحروف والكلمات».
دور هوبر للنشر

إرشادات للأطفال في كتاب «الحروف والكلمات»

تجد في الكتاب الكثير من التمارين الشيّقة، والألعاب المسليّة، والتوضيحات المُسْهبة حول الأنشطة المختلفة لتنمية مهاراتك اليدوية.
هل تمكنت من العثور على صفحة الصور اللاصقة الموجودة في منتصف الكتاب؟
إذا انتهيت من إحدى الصفحات أمكنك لصق صورة الدبّ في أعلاها جهة اليمين.

إن القلم الأحمر يشير إلى تمرين أكثر صعوبة من التمرين المشار إليه بالقلم الأخضر.

توضیحات «حروف و لغات»
والدین و معلمین محترم

«حروف الفبا و کلمات» مربوط به آموزش کودکان در دوره های پیش دبستانی می باشد که کودک را با تمرینهای متنوع و لذت بخش برای ورود به دبستان آماده می کند.
این کتاب حاوی یازده فصل است که هر فصل شامل دو صفحه می باشد و در هر فصل یک تا دو حرف به شکل لذت بخش و سرگرم کننده با در نظر گرفتن موضوعات و تجربه های شیرین در دنیای کودکان مانند کودکستان، مزرعه، اسباب بازی فروشی، شهر بازی و غیره آموزش داده می شود.
در آخر کتاب جوابها درج شده اند که کمکی هستند برای کنترل آموخته ها و همچنین یاد گیری مستقل.
جهت درک صحیح مطالب بهتر است که در ابتدا، بزرگسالان تمرینها را برای کودکان بخوانند. چنانچه کودکان را در این امر یاری دهید، به پرسشهای آنها پاسخ دهید و نیز تواناییهای آنان را تحسین کنید باعث افزایش اعتماد به نفس و ارتقاء انگیزه ی آنان جهت یاد گیری می شوید.
عکسهایی که در دو صفحه ی آخر کتاب قرار گرفته اند جهت رنگ آمیزی کردن می باشند.

انتشارات هوبر ساعات آموزشی خوشی را برای شما آرزو می کند.

راهنمائیها برای کودکان «حروف الفبا و کلمات»

در این کتاب تمرینهای سرگرم کننده، بازیهای مختلف و راهنماییهای بازی و کاردستی وجود دارند.
آیا متوجه عکس برگردانها در آخر کتاب شده ای؟ وقتی که یک صفحه را تمام کردی می توانی عکس برگردان خرس را در قسمت بالای صفحه سمت راست بچسبانی.

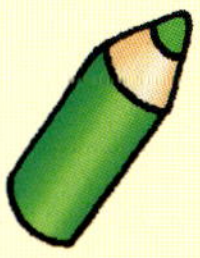

قلم قرمز به نشانه کمی سخت تر بودن تمرین نسبت به قلم سبز است.

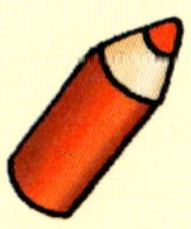

Im Kindergarten

Ella Ente, Harry Hase, Bobo Bär und Isa Igel gehen gern in den Kindergarten. Am liebsten malen sie.

Fahre mit dem Finger das E und das I nach. Folge dabei den Pfeilen. Sprich die Buchstaben laut aus.

Wie heißen die Stofftiere auf den Kissen? Welche beginnen mit dem Buchstaben E? Welches Tier fängt nicht mit E an?

Klebe die Sticker ein. Schau dir die Bilder an der Leine an. Welche beginnen mit dem Buchstaben E, welche mit einem I?

Isa Igels Familie besucht heute den Kindergarten. Isas Papa hat den Buchstaben I auf seiner Weste. Fahre die Linien nach.

Male das Blumenbild an der Wand fertig. Fahre die Blumenstängel von oben nach unten nach.

Spiel-Tipp: Schau dich in eurer Wohnung um. Findest du Dinge, die mit E oder mit I beginnen?

Die Ballonfahrt

Milli Maus und ihre Freunde machen heute eine Ballonfahrt. Sie haben sehr viel Spaß.

- Fahre mit deinem Zeigefinger über das M. Folge den Pfeilen. Sage laut MMM. Denke dabei an etwas, was du sehr gern isst.
- Siehst du die Wolken am Himmel? Einige haben die Form von Buchstaben. Welche Buchstaben erkennst du?
- Auf dem Ballon links sind viele M. Male alle Felder mit einem M rot aus und die anderen Felder blau. Was siehst du dann?

Milli hat zwei Dinge an, die mit M beginnen. Wie heißen sie? Welche Dinge mit dem Anfangsbuchstaben M siehst du noch?

Male die M auf den Heißluftballons so genau wie möglich nach.

Bobo und Milli haben eine große Melone dabei, denn: „Millis Melone macht müde Mäuse munter.“ Kannst du den Satz nachsprechen? Werde dabei immer schneller.

Beim Kaffeetrinken

Bobo Bär hat heute seine Freunde zum Kaffee eingeladen.
Er hat eine große Torte gebacken.

Fahre mit deinem Finger über die Buchstaben A und T.
Folge den Pfeilen. Male die Buchstaben in die Luft.

Ali Affe ist auch da. Wie oft siehst du das A auf seinem Stuhl?
Ali isst nur Früchte mit A. Sind die richtigen Früchte im Korb?

Klebe die Sticker ein. Auf dem Bild gibt es viele Dinge mit dem
Anfangsbuchstaben T. Sprich ihre Namen laut.

Siehst du die Teller auf dem Regal? Lies die Buchstaben darauf. Welchen Buchstaben siehst du öfter, T oder A?

Wie heißen die Dinge im Bilderrahmen? Klebe jeweils den Anfangsbuchstaben darunter. Kannst du das Wort lesen?

Bastel-Tipp: Stelle Buchstaben auf verschiedene Art dar, z.B. mit Knete, Wolle, Seilen, Streichhölzern oder Salzteig.

Im Garten

Ella und ihre Freunde feiern ein Gartenfest. Sie haben den Garten mit Luftballons und Lampions geschmückt.

Fahre mit deinem Zeigefinger über das L. Folge den Pfeilen. Sprich dabei den Namen des Buchstabens laut aus.

Wo siehst du im Bild den Buchstaben L? Suche auch Dinge mit dem Anfangsbuchstaben L. Wie viele findest du?

Wie heißen die Dinge auf dem Zaun? Klebe die Anfangsbuchstaben darunter. Wie heißt das Wort? Kennst du dieses Tier?

Kannst du die Namen auf dem Zaun lesen? Verbinde jeden Namen mit dem passenden Tier. Fahre die Wörter bunt nach.

Wen haben die Freunde zur Party eingeladen? Die Namen der Gäste stehen auf den Lampions. Kannst du sie lesen?

Mal-Tipp: Male viele bunte Lampions auf ein Blatt Papier. Schreibe in jeden Lampion ein L.

Bei Berti Biber

Bobo Bär und Harry Hase besuchen heute ihren Freund Berti Biber. Berti hat ein tolles Haus am Fluss.

- Fahre die Buchstaben B und U mit deinem Zeigefinger nach. Folge den Pfeilen. Sprich die Buchstaben laut.
- Schau dir das Bild genau an. Welche Dinge oder Tiere haben den Anfangsbuchstaben B?
- Findest du auf dem Bild auch Dinge oder Tiere mit dem Anfangsbuchstaben U? Umkreise sie.

Wie oft siehst du ein U auf dem Baumstamm, wie oft ein B?
Welcher Buchstabe ist öfter zu sehen?

Im Bild ist ein Wort zu sehen. Kannst du es lesen?

Spiel-Tipp: Kannst du deinen Daumen und deinen Zeigefinger so halten, dass du ein U erkennst? Versuche auch andere Buchstaben mit den Fingern darzustellen, wie z.B. T oder I.

Das Buchstaben-Spiel

Das ist das Lieblingsspiel von Bobo Bär.
Hast du Lust mitzuspielen?

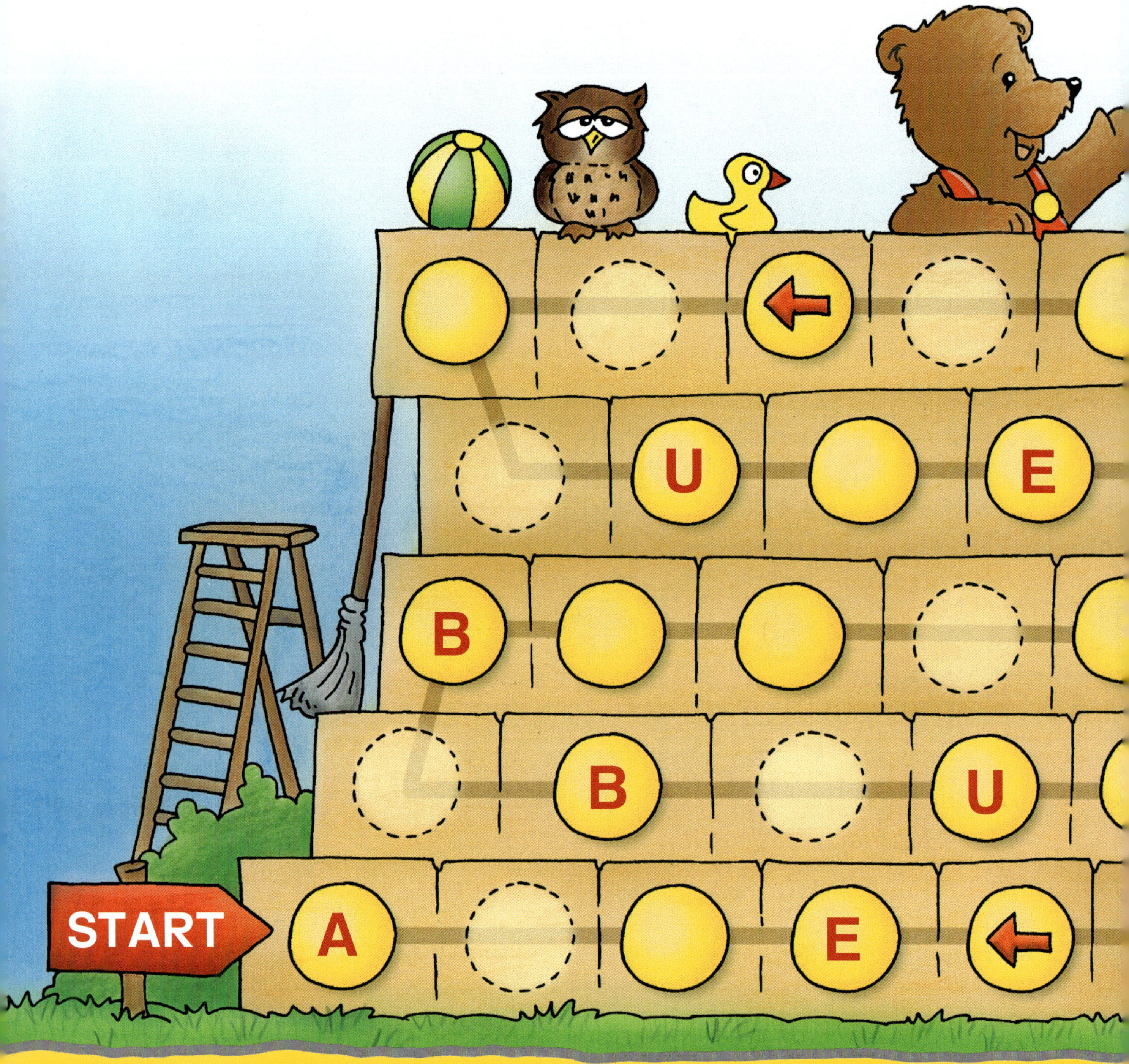

Du brauchst: 1 oder mehrere Mitspieler, 1 Würfel, für jeden Mitspieler 1 Spielfigur

Klebe die Sticker ein, die Reihenfolge ist egal. Alle Spieler starten auf dem Startfeld. Der Mitspieler mit dem kürzesten Namen darf beginnen. Kommt ein Spieler auf ein Ereignisfeld, muss er eine Aufgabe erfüllen (siehe Seite 23). Gewonnen hat, wer zuerst im Ziel ist.

Achte auf die Ereignisfelder:

Mit welchem Buchstaben fängt dieser Gegenstand an?

A Wie heißt dieser Buchstabe? Suche im Bild einen Gegenstand oder ein Tier mit diesem Anfangsbuchstaben.

Gehe 2 Felder zurück.

Am See

Heute ist schönes Wetter. Dani, Harry, Isa, Bobo und Milli machen einen Ausflug zum See.

Fahre den Buchstaben S mit deinem Zeigefinger nach. Folge den Pfeilen. Male den Buchstaben S in die Luft.

Siehst du im Bild Dinge mit dem Anfangsbuchstaben S?

Wie heißen die Dinge auf dem Schild? Klebe die Anfangsbuchstaben darunter. Kannst du das Wort lesen? Wie heißt das Boot von Harry Hase? Versuche das Wort zu lesen.

Fahre die Angelschnur und die Schnüre der Luftballons mit deinem Finger nach.

Dani schaut sich die Steine mit einer Lupe an. In den Kästchen siehst du, was er entdeckt. Welche Buchstaben sind es?

Mal-Tipp: Male auf ein Blatt Papier viele bunte Luftballons. Versuche die Schnüre in Form eines S zu zeichnen.

Omas Geburtstag

Oma Klara hat heute Geburtstag. Sie hat viele Geschenke bekommen. Es gibt Kekse und Kakao.

Fahre mit deinem Zeigefinger über das K. Folge dabei den Pfeilen. Sprich dabei laut: Das ist ein K! Klebe die Sticker ein.

Auf dem Bild gibt es viele Dinge mit dem Anfangsbuchstaben K. Umkreise sie. Findest du auch Dinge, die mit O beginnen?

Schau dir die Tischdecke genau an. Sind mehr K oder mehr O darauf zu sehen?

Bobo schenkt Oma Klara ein Bild. Was hat er gemalt?
Male die Felder mit O rot aus und die Felder mit K blau.

Versuche diesen Satz so schnell wie möglich zu sagen.
„Klara kauft keine kleine Kaffeekanne.“

Mal-Tipp: Male eine große Geschenkschachtel und verziere sie mit vielen bunten O.

Im Spielzeugladen

Bobo Bär ist heute im Spielzeugladen. Dort gibt es viele tolle Spielsachen zu kaufen.

- Fahre mit deinem Zeigefinger über das D. Folge dabei den Pfeilen. Male ein großes D in die Luft.

- Schau dir das Bild genau an und suche Dinge mit dem Anfangsbuchstaben D. Sprich ihre Namen laut.

- Wie oft kannst du den Buchstaben D im Bild entdecken? Umkreise die Buchstaben mit deiner Lieblingsfarbe.

Siehst du das Bilderrätsel an der Theke? Klebe den passenden Anfangsbuchstaben unter jedes Bild. Kannst du das Wort lesen?

An der Theke findest du auch ein Ausmalbild. Male alle Felder mit D gelb an und die Felder mit I rot. Was siehst du dann?

Mal-Tipp: Male einen großen Dinosaurier, Delfin oder Drachen auf ein Blatt Papier. Schreibe viele D darauf.

Auf dem Bauernhof

Bobo Bärs Onkel hat einen großen Bauernhof.
Dort leben viele verschiedene Tiere.

Fahre mit deinem Zeigefinger über das H und das F.
Folge dabei den Pfeilen. Sprich die Buchstaben laut aus.

Welche Tiere auf dem Bild beginnen mit H oder mit F?
Tipp: Überlege, wie die jungen Pferde und Schweine heißen.

Siehst du in der Scheune das Ausmalbild? Male es mit
den vorgegebenen Farben aus. Was siehst du dann?

Auf der linken Scheunentür hat sich der Buchstabe H mehrmals versteckt. Wie oft findest du ihn?

Auf der rechten Tür stehen 2 Wörter. Fahre sie mit einem Stift nach. Kannst du sie lesen? Welchen Buchstaben gibt es 2-mal?

Mal-Tipp: Male ein Tier mit dem Anfangsbuchstaben H oder F. Schreibe den richtigen Anfangsbuchstaben darunter.

Auf dem Jahrmarkt

Die Freunde gehen auf den Jahrmarkt. Dani und Milli wollen Lose ziehen, Bobo und Harry sind an der Wurfbude.

- Bobo und Harry haben Buchstaben auf ihrer Kleidung. Sind es die Anfangsbuchstaben ihrer Namen?
- Siehst du das Ausmalbild an der Losbude? Male die Felder aus, auf denen Buchstaben stehen. Was siehst du dann?
- Das Ausmalbild sagt dir, welchen Anfangsbuchstaben der Hauptpreis hat. Umkreise den Hauptpreis auf dem Schild.

Bobo trifft den Luftballon mit A und bekommt den Affen.
Verbinde die anderen Preise mit den richtigen Luftballons.

Auf den Fähnchen siehst du alle Buchstaben des Alphabets.
Welche kennst du schon?

Kennst du die Buchstaben, die zu deinem Namen gehören?
Kreise die Fähnchen mit diesen Buchstaben ein.

Lösungen

12
Stofftiere auf den Kissen: Hase, Elefant, Ente
Tiere mit E: Elefant, Ente;
Hase fängt nicht mit E an.
Bilder mit E: Erdbeere, Esel, Ente
Bilder mit I: Igel, Insel

14
Wolken: M, E, I
Du siehst ein großes M auf dem Ballon.

15
Milli trägt eine Mütze und einen Mantel.
Andere Dinge mit M: Marienkäfer, Muschel, Messer, Melone, Mond

16
Das A ist 7-mal auf dem Stuhl zu sehen.
Es sind die richtigen Früchte im Korb (Apfel, Ananas).
Dinge mit T: Tür, Tisch, Tasse, Torte, Topf, Teller, (T-Shirt)

17
Der Buchstabe T ist öfter zu sehen (T: 2-mal, A: 1-mal).
Lösungswort: TEE

18
L im Bild: Blumentopf, Dose mit Lutscher, Luftballon, Zaun, Bauklotz, in den Wörtern ALI und LEA, ELLA und MILLI (und 1-mal im Kästchen)
Dinge mit L: Lampion, Lutscher, Luftballon, Löffel, Lastwagen, Leiter, Latzhose
Es sind 7 Dinge mit L.
Lösungswort: LAMA

19
Namen der Tiere: ELLA Ente, MILLI Maus
Gäste: TIM, ALI, LEA, MIA

20
Dinge mit B: Birne, Banane, Brot, Boot, Baum, Berg, Ball, Besen, Briefkasten, Bank, Buch, Blumen, Busch, Bär/Bobo, Biber/Berti
Dinge mit U: Uhr, Uhu, (Ufer)

21
Das B ist 6-mal, das U ist 7-mal auf dem Baumstamm.
Das U ist öfter zu sehen.
Das Wort BOOT ist zu sehen.

22/23
Ereignisfelder:
Mond – M, Ente – E, Ball – B, Apfel – A, Birne – B, Igel – I, Erdbeere – E, Blume – B
Buchstaben:
B – Ball, Blume, Besen, Bär/Bobo; U – Uhu; E – Ente, Elefant; A – Affe; L – Leiter; M – Maus/Milli

24
Dinge mit S: Sonnencreme, Saft, Sand, Segelboot, Sonne, Salat, See, Seifenblasen, (Steg, Stein, Strand)
Lösungswort: SEE
Boot von Harry Hase: SUSI

25
Buchstaben von oben nach unten: A, E, S, B

26
Dinge mit K: Koffer, Knöpfe, Kamm, Käse, Käfig, Kleid, Kette, Kekse, Kissen, Kaktus, Kakao, Kommode
Dinge mit O: Orange
Es sind mehr K zu sehen (9-mal O, 10-mal K).

27
Bobo hat das Wort OMA und ein Herz gemalt.

28
Dinge mit D: Dampfer, Delfin, Drachen, Dinosaurier, Dose
Der Buchstabe D ist 4-mal im Bild zu sehen (und außerdem 1-mal im Kästchen).

29
Lösungswort: BALL
Lösungsbild: Ente

30
Tiere mit H: Hahn, Huhn, Hund
Tiere mit F: Ferkel, Fohlen
Lösungsbild: Hahn

31
Das H ist 4-mal zu sehen.
Wörter auf dem Scheunentor: HOF, FELD
Der Buchstabe F kommt 2-mal vor.

32
Bei Harry stimmt der Anfangsbuchstabe, Bobos Anfangsbuchstabe ist B, auf seiner Hose steht aber T.
Ausmalbild: Buchstabe F.
Der Hauptpreis ist das Fahrrad (F).

33
Luftballons: E = Ente, B = Ball, K = Katze, H = Hase, T = Tiger

In der Werkstatt

Bobo Bär und sein kleiner Bruder sind in der Werkstatt.
Sie basteln gern Dinge aus Holz.

Auf der Wiese

Auf der Wiese steht ein großes Vogelhäuschen.
Harry Hase und Ella Ente sind oft dort.

Teil 2

Schwungübungen

Autoren: Marian Ardemani/Ulrich Schneider-Struben
Illustration: Irmtraut Teltau

Inhalt

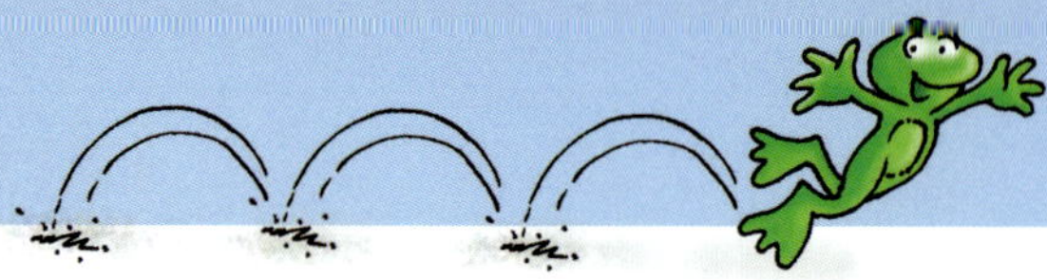

Hallo, wir sind die Lern-Detektive und lösen gerne knifflige Aufgaben. Hilfst du uns, den Code am Ende des Heftes zu knacken?
Karlo
Konfetti
Lara

Liebe Eltern, liebe Lehrerinnen und Lehrer,

ganz besonders wenn es darum geht, das Schreiben zu lernen, gilt: Mit dem richtigen Schwung geht's leichter! Die „Schwungübungen" eignen sich für Kinder ab dem Vorschulalter und bereitet sie mit viel Spaß und abwechslungsreichen Übungen auf das Schreiben und einen erfolgreichen Schulstart vor. Die Schwungübungen als vereinfachte Schreibbewegungen helfen den Kindern bei dieser Vorbereitung. Sie trainieren die Feinmotorik der Kinder und vermitteln ihnen auf spielerische Art und Weise ein Verständnis für Formen, Größen und Abstände – wichtige Voraussetzungen für das Schreibenlernen.

In jedem der vierzehn doppelseitigen Kapitel wird ein anderer Schwung oder eine Form spielerisch eingeführt und geübt. Zur Lockerung und Festigung empfiehlt es sich, für manche Übungen bestimmte Gegenstände bereitzuhalten (z. B. Streichhölzer, einen Teller). Eine Liste finden Sie auf der nächsten Seite.

Thematisch orientiert sich das Heft an der Erlebniswelt der Kinder (zu Hause, Tiere, Spiele, Urlaub, Farben etc.). Die Aufgaben werden durch Bewegungsübungen und Partnerübungen ergänzt.

Nach einer kleinen Wiederholung können die Kinder am Ende einen Code knacken und einen „Profitest" machen. Die Auswertung sowie alle Lösungen befinden sich zur Selbstkontrolle auf der letzten Seite. Dies leitet behutsam zum selbstständigen Lernen an.

Für das Verständnis der Aufgabenstellung wäre das Vorlesen durch einen Erwachsenen hilfreich. Unterstützen Sie die Kinder beim Lernen, beantworten Sie Fragen und loben Sie sie für ihre Leistungen. Das stärkt das Selbstvertrauen und erhöht die Motivation zum Weiterlernen.

Viel Freude und Erfolg wünscht
Ihr Hueber Verlag

مقدمة كتاب «تمارين النُّشطاء»

أهم مبدأ من مبادئ تعلّم فن الكتابة هو أنّ سهولة اكتساب هذه القدرة تكْمُن في توفّر شعور الطفل بمتعة الدراسة والتعلّم. لذلك يزخر هذا الكتاب بتمارين شيّقة متميزة بالبساطة والتنوّع لتلائم أطفال مرحلة ما قبل المدرسة وبغرض تدريبهم بأسلوب مثير وجذّاب على تعلّم فن الكتابة كخطوة تمهيدية لبداية مُوفّقة عند دخولهم المدرسة. تتميز تمارين تعلُّم فن الكتابة بسهولتها وتنوُّعها ، فالغرض منها في هذه المرحلة التمهيدية هو تنمية مهارات الضبط الدقيق لحركة أصابع الأطفال عند الكتابة ، فهي وسيلة تعليمية جذّابة من أجل تحسين قدرة الأطفال على استيعاب الأشكال والأحجام والمسافات ، وهي الشروط الأساسية لتعلّم فن الكتابة . هذا ويحتوي كل باب من أبواب الكتاب على أربع عشرة صفحة تشتمل كلّ واحدة منها لعبة ما للتمرّن أو شكلا ما للتلوين. ومن أجل توفير وقت ممتع في تثبيت المعلومات بالذاكرة يُستحسن تحضير بعض الأدوات المساعدة مثل أعواد الكبريت أو أحد الصحون المستديرة وغيرها من الوسائل التعليمية. وفي الصفحة التالية توجد قائمة تضمّ هذه الأشياء المطلوبة. ويتناول موضوع الكتاب عالم الأطفال الزاخر بالمغامرات وكل ما يتعلق بحياتهم اليومية داخل منزل الوالدين ، والحيوانات والألعاب والإجازات والألوان وإلى غير ذلك من المواضيع الشيّقة التي تشدّ اهتمام الأطفال. وإضافة إلى هذه التمارين توجد أيضا ألعاب تنمّي المهارات الحركيّة للأطفال وترفع من روح الزمالة والأُخوة بينهم.

وبعد الانتهاء من مراجعة التمارين كلّها يتمكن الأطفال من كسر الشفرة الموجودة في الكتاب لدخول اختبار المحترفين. وتوجد في آخر صفحة من الكتاب الحلول النموذجية التي على أساسها يقيّم الأطفال نتيجة اختبارهم فيتعلمون مراقبة إنجازهم بأنفسهم. ومن خلال ذلك يكتسب الأطفال تدريجيا مقومات الاعتماد على النفس أثناء الدراسة والمذاكرة.

وبلا شكّ تساعد القراءة المسموعة للتمارين على حسن فهم الغرض الأساسي منها. ومن المفيد أيضا الوقوف بجانب الطفل أثناء المذاكرة والإجابة على أسئلته ومدحه على إنجازاته. ففي هذا المناخ الملائم تقوى ثقة الطفل بنفسه وتزداد رغبته في التعرّف على المزيد من المعلومات.

تمنيّاتنا لكم بالتوفيق وقضاء وقت طيّب مع هذا الكتاب

دور هوبر للنشر

راهنمائیهای مربوط به تمرین حرکت دست

والدین و معلمین محترم

نکته قابل اهمیت در آموزش حرکت صحیح دست است که یادگیری را آسانتر می کند. تمرینهای ساده مربوط به پیچ و تاب حروف و حرکت صحیح دست برای آموزش به کودکان در دوره های پیش دبستانی طراحی شده اند که کودک با این تمرینهای متنوع و سرگرم کننده به آمادگی مطلوب جهت ورود به دبستان خواهد رسید.
شما به فرزند خود مهارت های ظریف حرکت دست را می آموزید و با این روش لذت بخش و سرگرم کننده به وی قابلیت درک فرم ها، اندازه ها و فاصله ها را که نکات مهم نوشتن می باشند، امکان پذیر می سازید.
در هر یک از چهارده فصل که البته هر فصل شامل دو صفحه است، به یک تمرین مربوط به پیچ و تاب حروف پرداخته می شود. برای شل و سفت کردن پیشنهاد می شود از ابزاری مانند چوب کبریت و بشقاب استفاده کنید. لیست این ابزار را در صفحه بعد مشاهده خواهید کرد.
این کتاب بر پایه ی موضوعات و تجربه های شیرین دنیای کودکان مانند در منزل، حیوانات، بازی ها، در تعطیلات، رنگها و غیره طراحی و با تمرینهای حرکتی و دو نفری تکمیل شده است.
کودکان پس از یک مرور کوتاه قادر به شکستن یک کُد می شوند و می توانند یک تست حرفه ای بدهند.
برای ارزیابی و کنترل، جوابها در صفحه آخر درج شده اند که این خود کودک را به شکل محتاطانه ای وادار به یاد گیری مستقل می کند.
جهت درک صحیح مطالب، بهتر است که در ابتدا، بزرگسالان تمرینها را برای کودکان بخوانند. چنانچه کودکان را در این امر یاری دهید، به پرسشهای آنان پاسخ دهید و نیز تواناییهای آنان را تحسین کنید باعث افزایش اعتماد به نفس و ارتقاء انگیزه ی آنان جهت یاد گیری می شوید.

انتشارات هوبر ساعات آموزشی خوشی را برای شما آرزو می کند.

Erklärungen und Tipps

إرشادات وتوضيحات
توضيحات و راهنمائیها

Das brauchst du für manche Übungen:

متطلبات بعض التمارين:
وسایل مورد نیاز برای بعضی از تمرینها:

	▪ Bunte Stifte	• أقلام ملّونة • مداد رنگی
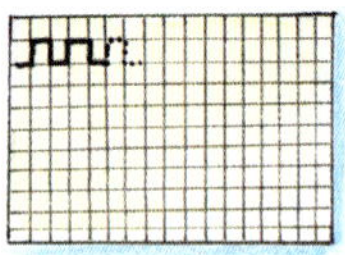	▪ Weißes Papier, kariertes Papier und Pappe	• أوراق بيضاء وأوراق مربعات وأوراق مُقوّاة • کاغذ سفید، کاغذ شطرنجی و مقوا
	▪ Kleber	• مادة لاصقة كالصمغ أو مايشابه • چسب
	▪ Kreide	• طباشير • گچ
	▪ Streichhölzer	• أعواد كبريت • چوب کبریت
	▪ Wolle	• بكرة صوف • ریسمان
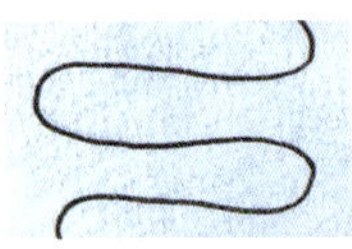	▪ Draht	• سِلْك • سیم
	▪ einen Teller	• صحن مستدير • یک بشقاب
	▪ einen Ring	• حلقة • یک حلقه
	▪ ein langes Seil (z. B. ein Hüpfseil)	• حبل طويل على سبيل المثال حبل القفز • یک طناب دراز (مثلاً طناب بازی)

Der Kasten zeigt dir, wie du jeden Schwung weiterüben kannst:

يشير الصندوق إلى كيفية ممارسة كل تمرين:

عکس به تو نشان می دهد که تمرینهای مربوط به پیچ و تاب حروف و حرکت صحیح دست را چگونه انجام بدهی:

1 Male die Form in die Luft: mit der rechten Hand, mit der linken Hand und dann mit beiden Händen (die Handflächen dabei aufeinanderlegen).

- ارسم الشكل المطلوب في الهواء باليد اليمنى ثم ارسمه باليد اليسرى وأخيرا ارسمه بيديك الاثنتين (ضع الكفين على بعضهما البعض)
- شکل را با حرکت دست در هوا ترسیم کن:
ابتدا با دست راست، سپس با دست چپ و بعد با هر دو دست (کف دستها را روی هم بگذار).

2 Lege die Form mit Wolle auf ein Blatt Papier. Klebe den Faden fest. Fahre ihn mehrmals nach, auch mit geschlossenen Augen.

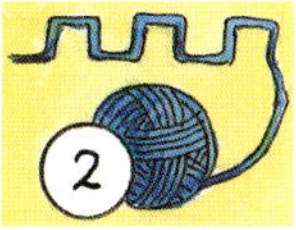

- الصق الشكل المصنوع من خيط الصوف لصْقًا جيّدًا وحرِّك أصبعك عليه عدة مرات مع إغلاق عينيك
- شکل را با ریسمان روی یک صفحه کاغذ قرار بده.
نخ را محکم بچسبان. چندین بار سر رشته را دنبال کن، با چشمان بسته هم دنبال کن.

3 Fahre die Form im Heft mit dem Finger nach.

- حرِّك إصبعك على الشكل اللاصق في الكُرّاسة
- با انگشت خود شکل را در کتاب دنبال کن.

4 Male die Form im Heft mit Bleistift oder Buntstift nach.

- ارسم الشكل في الكرّاسة مستخدما قلم رصاص أو قلم تلوين
- شکل را در کتاب با مداد و یا مدادرنگی نقاشی کن.

Aufgepasst: Die Aufgaben mit einer  sind etwas schwieriger.
Zu den Aufgaben mit der  findest Du die Lösungen auf Seite 76.

انتبه: المصباح يشير إلى أنّ التمارين أكثر صعوبة من غيرها انتبه: العدسة تشير إلى أنّ التمارين لها حلول موجودة في آخر الكتاب

حواست باشه: تمرينهايى كه با لامپ هستند کمی سختترند. جواب تمرینهایی که با ذره بین هستند در آخر کتاب است.

Schwungübung 1

1 Detektiv Karlo fährt in den Ferien mit Konfetti ans Meer.
Fahre die Wellen nach. Achte auf den Kasten rechts
und lies die Erklärung auf Seite 42.

2 Karlo und Konfetti faulenzen am Strand.
Male große Wellenlinien ins Meer.

3 Karlos Handtuch hat ein buntes Muster.
Fahre jede Linie mit einem andersfarbigen Stift nach.

4 Fahre das Wellenmuster auf den Seeschlangen nach.
Haben alle Schlangen das gleiche Muster?

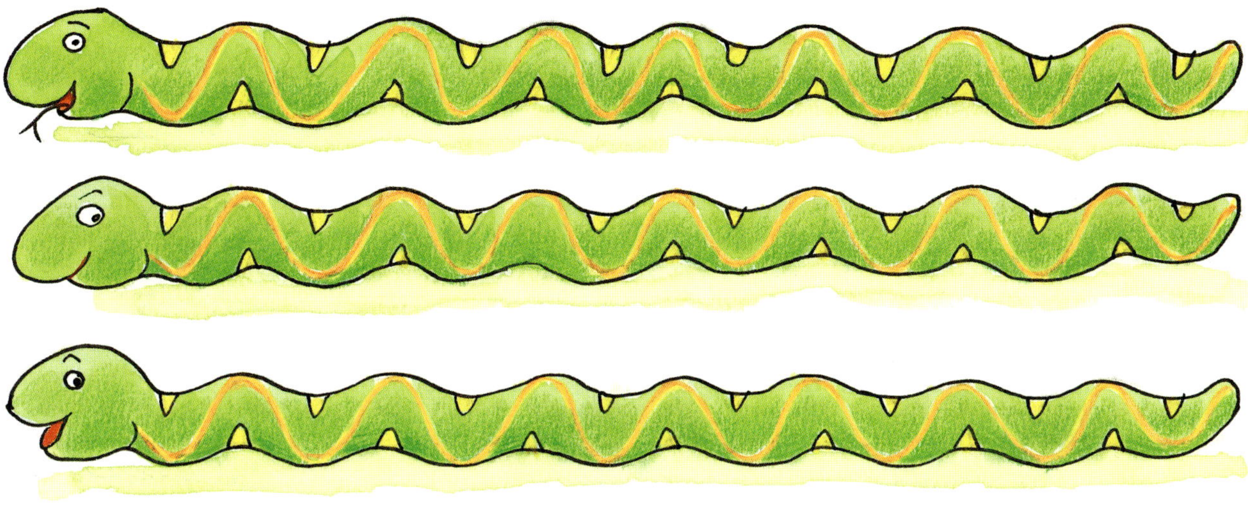

5 Male die Formen weiter ohne abzusetzen.

Schwungübung 2

1 Hanna backt einen Kuchen. Sie füllt Mehl in eine Schüssel. Fahre die rote Linie der Schüssel nach. Male viele bunte U darauf. Achte auf den Kasten.

2 Schau dir die Küche genau an. Wie viele U findest du darin? Fahre alle U mit einem Stift nach.

3 Fahre die Linien der Schüsseln nach. Wie viele Schüsseln siehst du? Schätze erst und zähle dann.

Tipp Stelle dir ein großes U vor und male es mit Straßenkreide im Freien auf den Boden. Jetzt kannst du die Form genau nachlaufen.

4 Male ein Haus mit großem Dach auf ein Blatt Papier. Zeichne nun so viele Dachziegel wie möglich ein.

5 Male die Formen weiter. Achte darauf, dass alle Formen gleich hoch sind.

Schwungübung 3

1 Auf Konfettis Hundehütte setzt sich gern ein Vogel.
Fahre das Dach nach. Beachte den Kasten.
Male dann den Vogel bunt an.

2 Auch auf dem Gartenzaun hat es sich ein Vogel bequem gemacht. Aber hier fehlen einige Spitzen.
Zeichne den Zaun fertig.

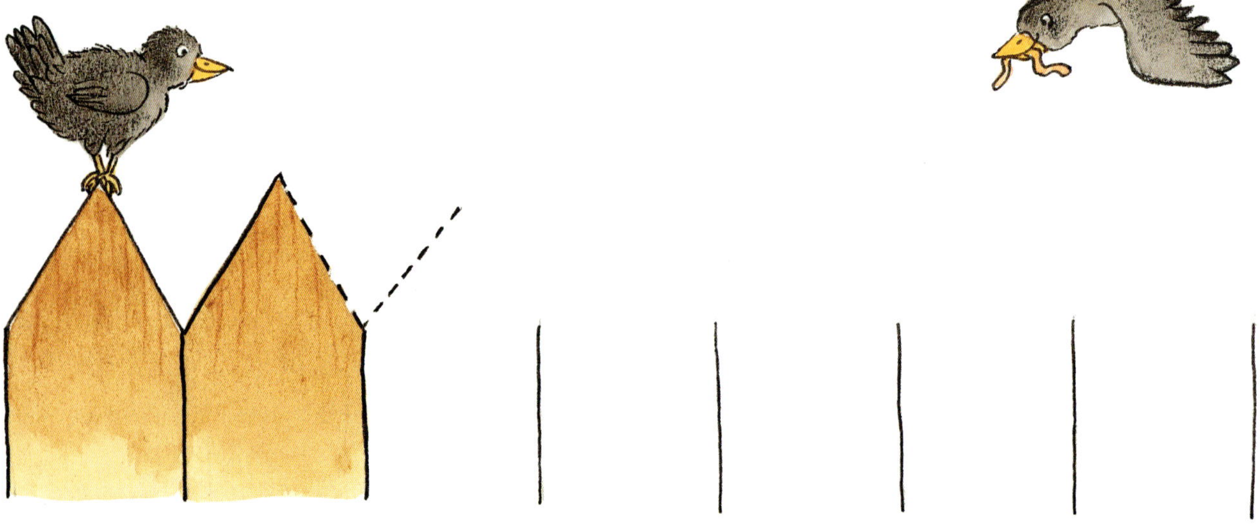

3 Lege mit Streichhölzern viele Spitzen hintereinander. Fahre sie mit deinem Finger in der Luft nach.

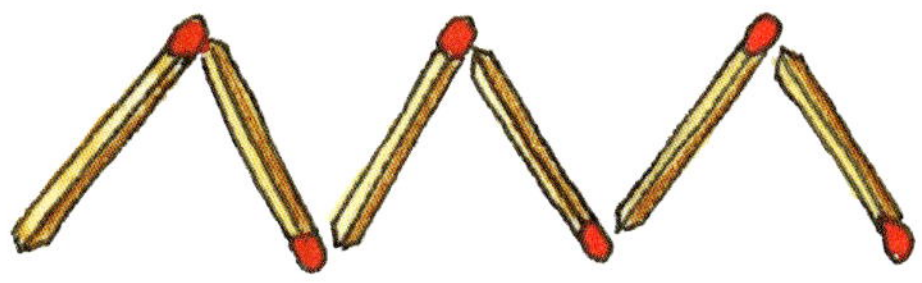

4 Wie viele Spitzen findest du im Bild?
Suche sie und fahre sie mit einem Stift nach.

5 Male die Formen weiter ohne abzusetzen.

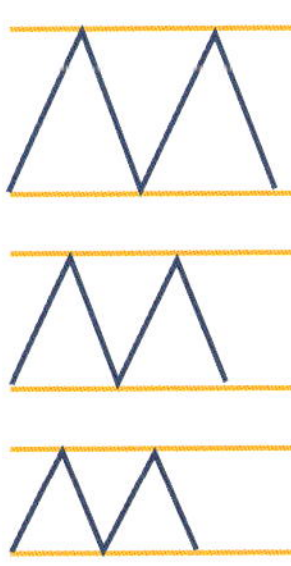

Schwungübung 4

1 Lara möchte sich eine Uhr kaufen.
Wie viele Uhren dieser Form kann sie im Laden entdecken?

2 Eine Uhr gefällt Lara besonders gut.
Fahre die rote Linie mehrmals nach. Achte auf den Kasten.

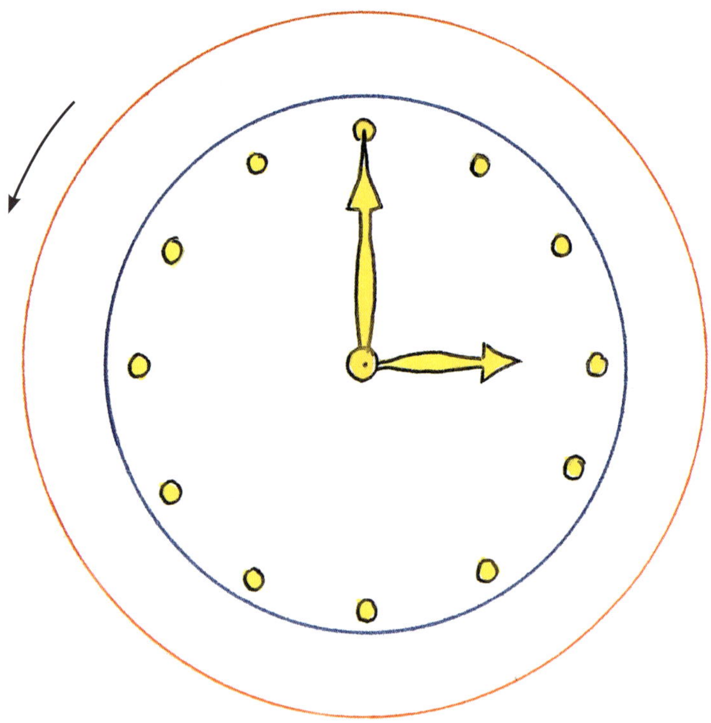

3 Lege einen Teller auf ein Blatt Papier und umkreise ihn. Male in den Kreis ein lustiges Gesicht.

4 Fahre die Außenlinien nach und male die Uhren an.

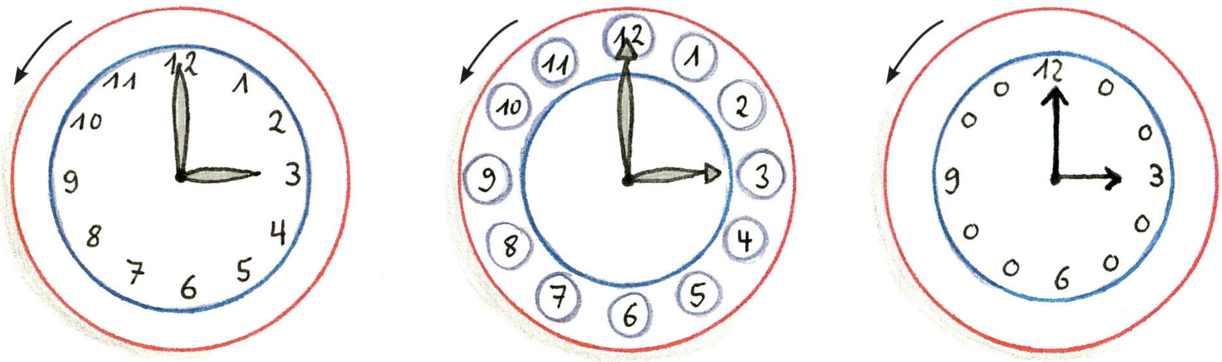

5 Male die Form der Uhren nach.
Zwei gehen falsch. Findest du sie?

6 Lege einen Ring auf ein Blatt Papier und male damit Kreise. Male die Kreise bunt aus oder mache aus ihnen lustige Gesichter oder Tiere.

7 Male die Formen weiter.

Schwungübung 5

1 Heute ist ein großes Straßenfest. Bunte Fähnchen hängen an den Häusern. Fahre das große Fähnchen nach. Male ein Zackenmuster darauf.

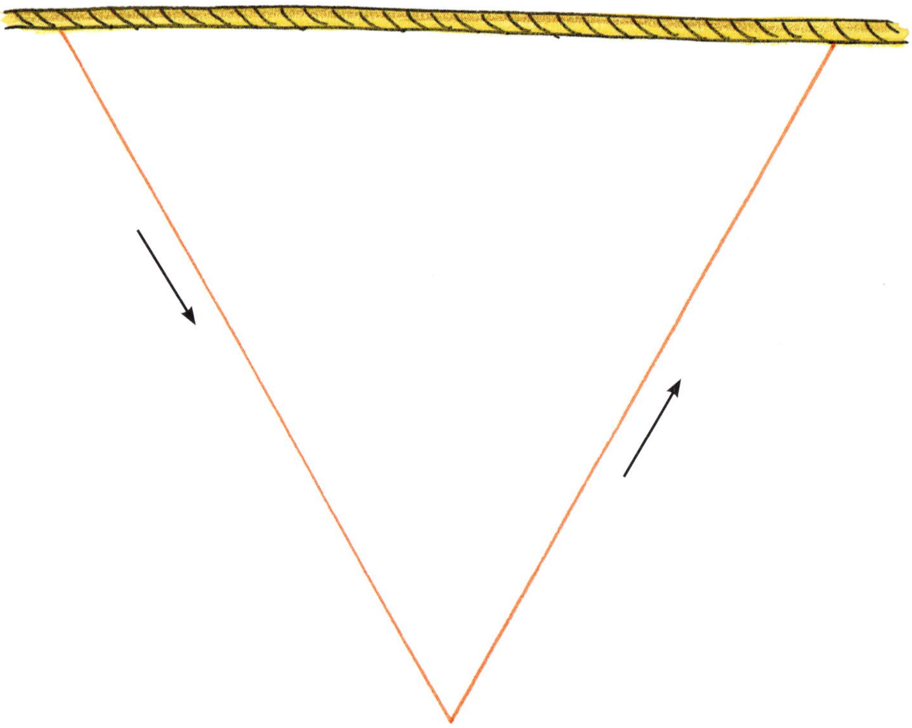

2 Wie viele blaue Fähnchen siehst du auf dem Bild? Zähle. Wo im Bild kannst du die Form noch entdecken?

3 Einige Girlanden sind noch nicht fertig. Male weiter und achte dabei auf die richtige Farbreihenfolge.

4 Karlo möchte zum Fest die Hose mit den meisten V anziehen. Welche ist es? Male diese Hose an.

5 Male die Formen weiter ohne abzusetzen.

Schwungübung 6

1 Karlo hat sich einen Teppich gekauft.
Er ist bunt und hat ein tolles Muster.
Fahre die Bögen des Teppichmusters nach.
Werde dabei immer schneller.

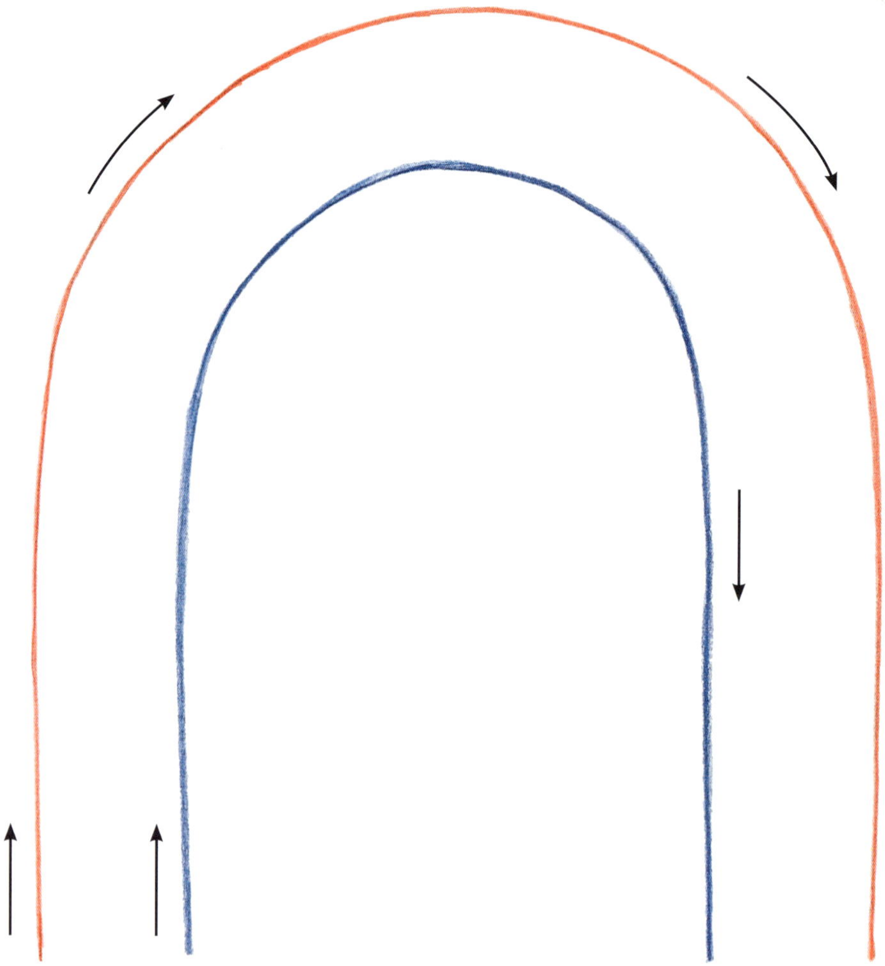

2 Zeichne das Muster von Karlos Teppich fertig.
Verwende dazu unterschiedliche Farben.

Tipp Du kannst ein Teppichmuster auch in Sand, Kies oder Erde zeichnen. Nimm hierfür einen Stock zu Hilfe.

3 Welche Schwungübungen kennst du nun schon? Lass dir die Formen durcheinander auf den Rücken zeichnen. Errate sie und zeichne sie nach.

4 Schau dir die Zeichnung genau an. Male die einfachen Bögen blau, die doppelten rot und die dreifachen grün an.

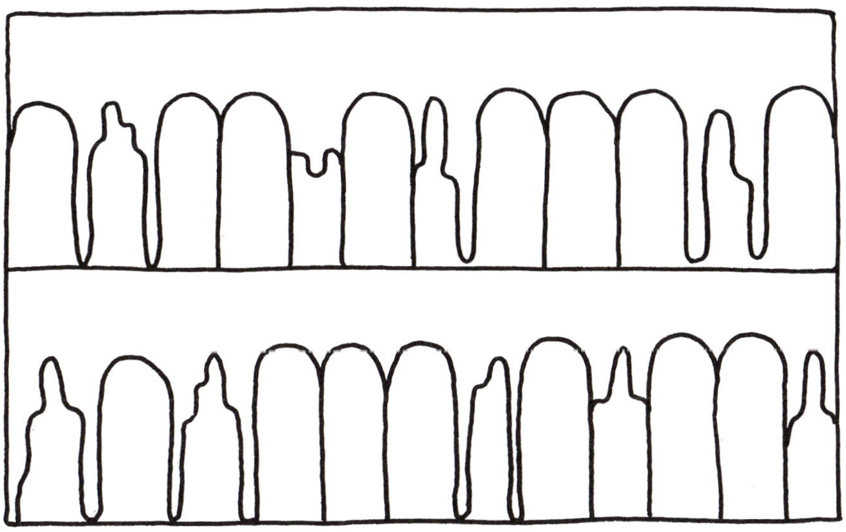

5 Male die Formen weiter ohne abzusetzen.

Schwungübung 7

1 Karlo und Konfetti besichtigen eine alte Burg.
Die hohe Mauer gefällt Konfetti besonders gut.
Fahre den oberen Rand der Burgmauer nach.
Achte dabei auf den Kasten.

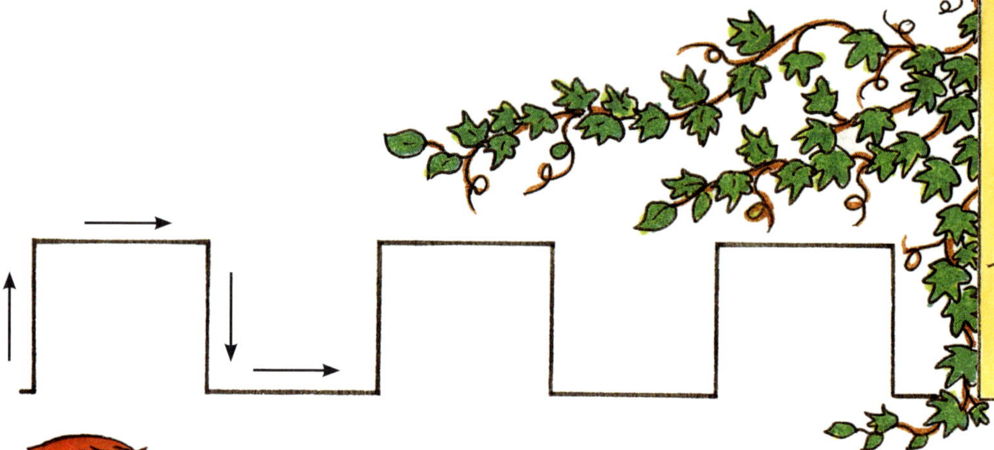

Tipp Du kannst die Mauer auch mit einem Stück Draht nachlegen. Schließe dann die Augen und fahre den Draht mit dem Finger nach.

2 Fahre auch hier den oberen Rand der Mauer nach.

3 Male eine Burg mit einer großen Mauer auf ein Blatt Papier.
Zeichne so viele  wie möglich ein.

4 Wie kommt Konfetti zum Burgbrunnen?
Fahre den Weg mit dem Finger nach. Zeichne dann die Linie ohne abzusetzen mehrmals nach.

5 Wie sieht der Schlossgarten aus? Male auf Kästchenpapier ein Labyrinth mit Eingang und Ausgang.
Verwende dabei die Formen .

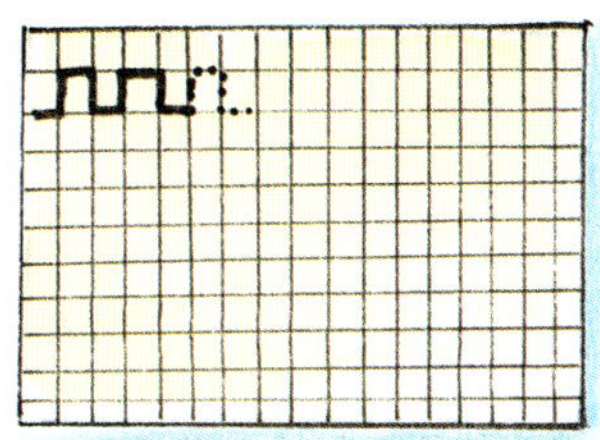

6 Male die Formen weiter ohne abzusetzen.

Schwungübung 8

1 Karlo löst einen Fall auf dem Bauernhof.
Er muss dafür die Schweine zählen. Wie viele sind es?
Male den Schweinen einen Ringelschwanz.

2 Das Schwein Eberhard hat einen schönen Ringelschwanz. Fahre ihn nach und beachte den Kasten.

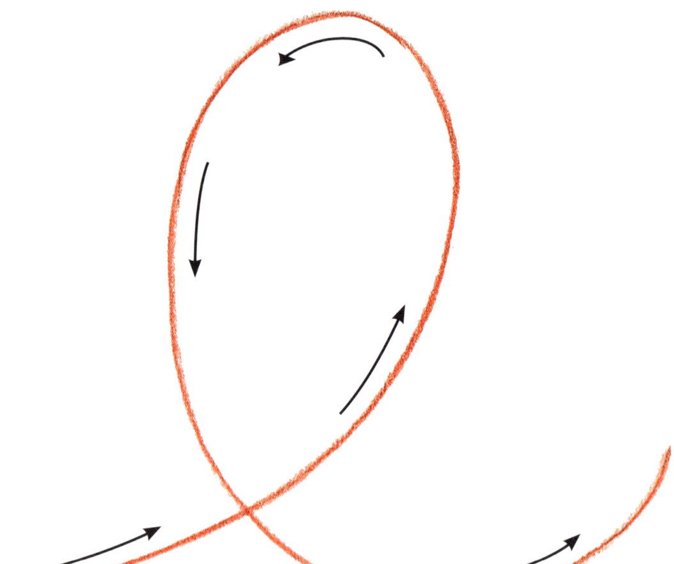

3 Male die Schwünge innerhalb der Linien nach.
Schaffst du das, ohne die roten Linien zu berühren?

4 Welcher Gegenstand vom Bauernhof hat sich hier versteckt?
Male die Felder mit *l* aus.

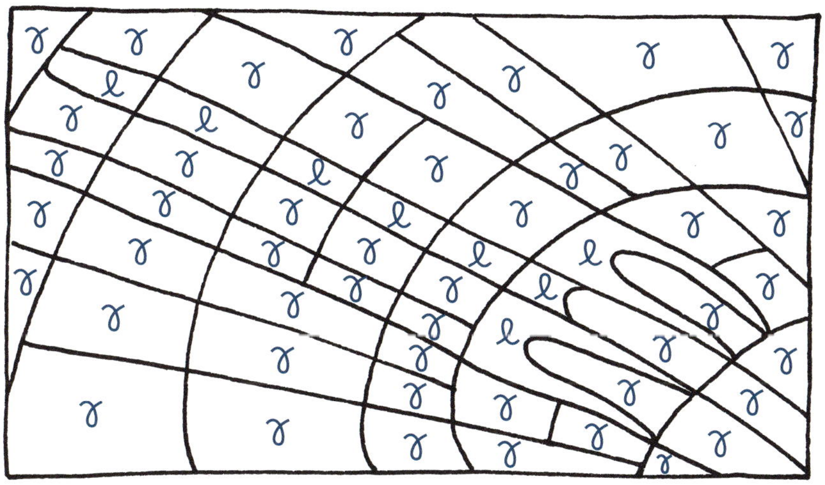

5 Male weiter ohne abzusetzen.
Achte darauf, dass alle Formen gleich hoch sind.

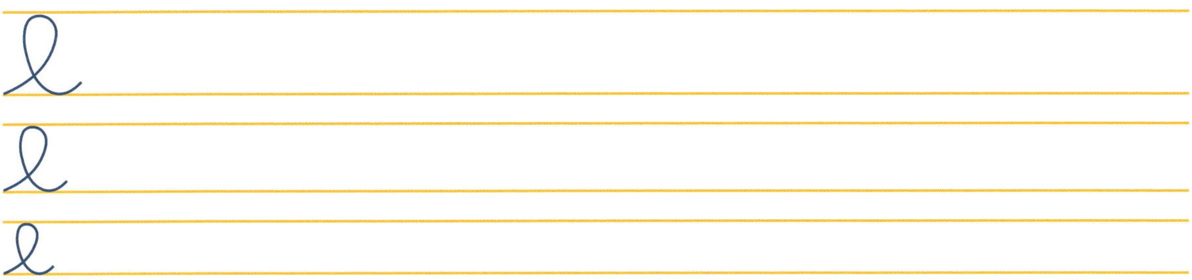

Schwungübung 9

1 Tim hat seine elektrische Eisenbahn im Kinderzimmer aufgebaut. Fahre die Form der Schienen nach. Achte auf den Kasten.

2
a) Strecke beide Arme aus und lege die Handflächen aneinander. Male die Form der Schienen in die Luft.
b) Laufe die Form im Zimmer.
c) Lass dir von einem Partner mit dem Finger verschiedene Formen auf den Rücken malen. Male auf Papier nach, was du gefühlt hast.

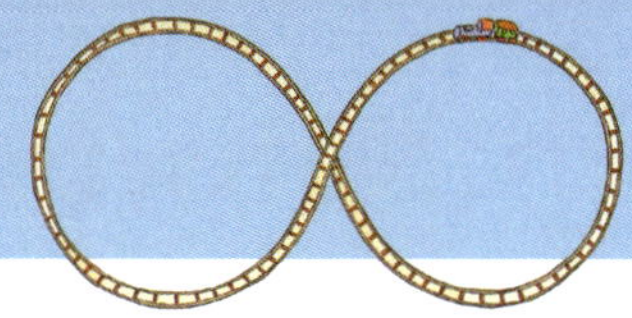

3 Wie oft siehst du die Form der Schienen hier?
Schau genau hin und fahre sie bunt nach.

4 Umfahre immer zwei Reißnägel so wie im Beispiel.

5 Male die Formen weiter.

Schwungübung 10

1 Karlo und Konfetti suchen beim Spazieren gern Schnecken. Sie finden die Häuser so schön. Fahre das Schneckenhaus nach. Beachte den Kasten.

2 Fahre die Schneckenhäuser so genau wie möglich nach.
Sprich dazu den Vers: *Schneck, Schneck, komm heraus,*
komm heraus aus deinem Haus.

3 Konfetti hat eine Schneckenfamilie entdeckt.
Fahre die einzelnen Schneckenhäuser nach.
Wie viele Blumen siehst du auf der Wiese?

4 Male mit einem dicken Stift eine Schnecke auf ein Stück Pappe. Schneide sie aus. Nimm dann bunte Wolle und klebe den Wollfaden genau in die Kurven des Schneckenhauses. Jetzt kannst du das Bild verschenken oder in deinem Zimmer aufhängen.

5 Zeichne die Formen so genau wie möglich nach.
Beachte: Die Schneckenhäuser werden immer schwieriger.

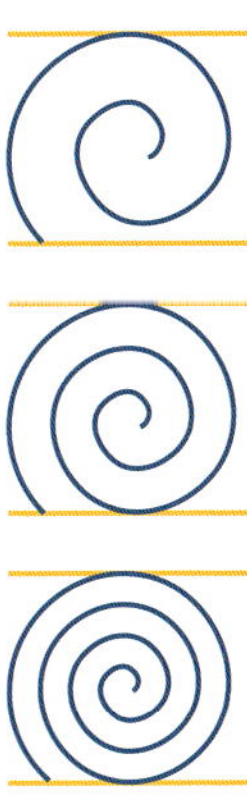

Geometrische Formen

1 Lara will ihre Freundin Hanna besuchen.
Hanna wohnt in einem Haus mit flachem Dach.
Es hat nur ein Fenster zur Straße. Welches Haus ist es?

2 Fahre die Dachformen nach.
Achte auf den Kasten.

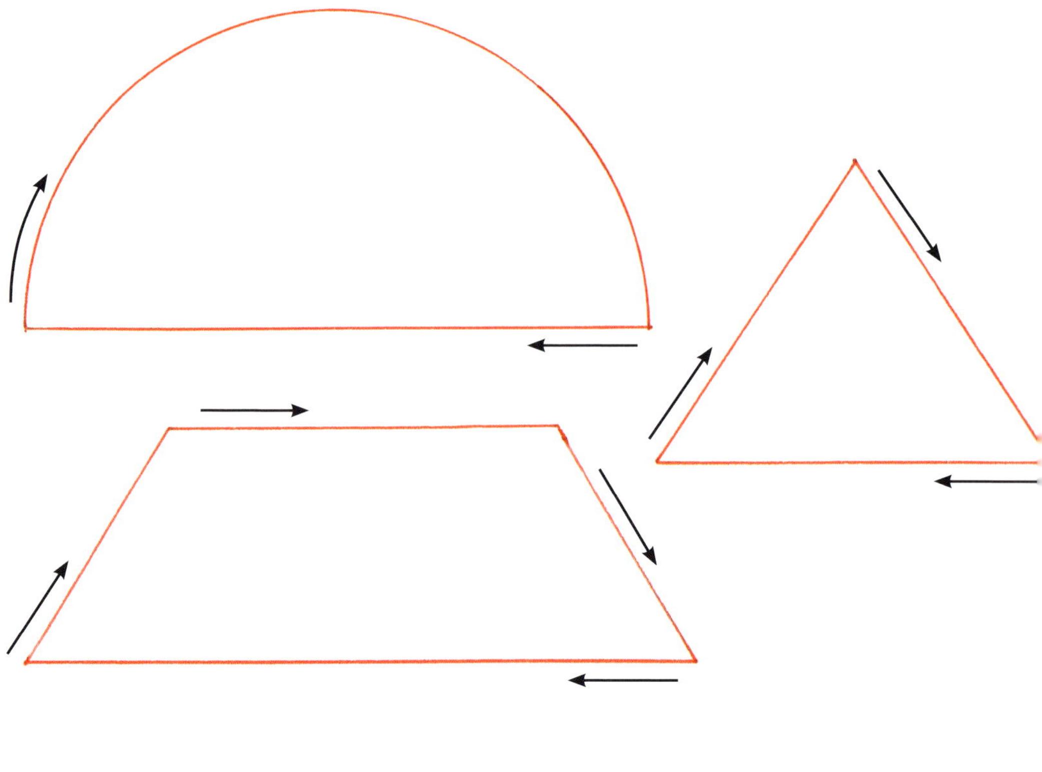

3 Male die Linien in Pfeilrichtung nach.
Beginne immer beim Punkt.

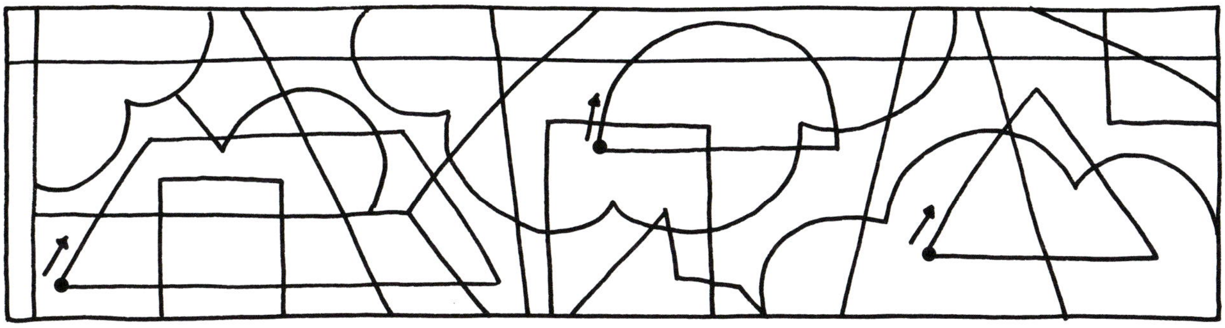

4 Zeichne auf die Häuser verschiedene Dächer.

5 Zeichne die Formen so genau wie möglich weiter.
Male sie dann bunt an.

Zackige Formen

1 Konfetti hat große Angst vor Gewitter.
Fahre die Blitze nach. Beachte den Kasten.

2 Karlo versucht Konfetti zu beruhigen, indem er ihm ein Blatt voller bunter Blitze malt. Hilfst du ihm?

3 Zeichne lange Blitze aus jeder Wolke.

4 Hier siehst du Buchstaben. Umkreise alle Buchstaben, in denen sich Zacken verstecken.

5 Zeichne ohne abzusetzen. In welcher Zeile hast du die meisten Zacken gemalt?

Runde Formen

1 Fahre die Blume nach. Achte auf den Kasten.

2 Fahre alle Blumen mit einem Stift nach.
Wie viele haben 6 Blütenblätter? Male sie an.

Tipp Suche dir einen Partner. Male ihm mit dem Finger verschiedene Blumen auf den Rücken. Errät er die Anzahl der Blütenblätter? Tauscht immer nach drei Blumen die Rollen.

3 Schau genau hin: Wie viele Blumen findest du in diesem Bild? Male sie bunt an.

4 Male die Formen weiter. Achte bei den Blumen auf die Anzahl der Blütenblätter.

Auge-Hand-Koordination

1 Fahre die Linien in beiden Flügeln gleichzeitig nach.
Achte auf die Pfeile und beginne bei der obersten Linie.
Male den Schmetterling anschließend an.
Achte auch hier auf den Kasten.

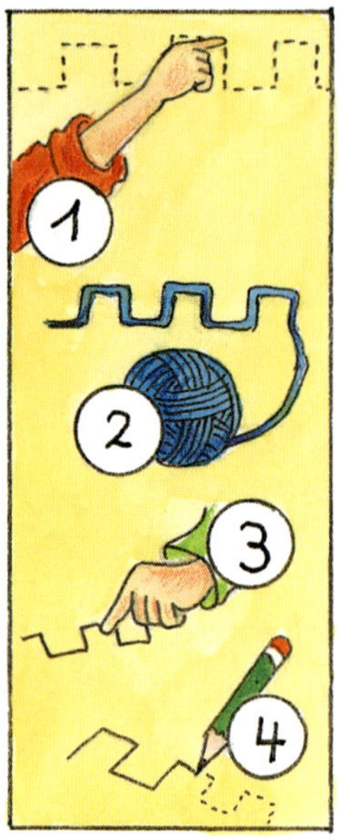

2 Kannst du auch mit beiden Händen gleichzeitig das Gleiche malen? Probiere es auf einem großen Blatt Papier oder mit zwei Stöcken im Sand.

3 Fahre die Muster mit zwei Stiften gleichzeitig von innen nach außen nach. Verziere den zweiten Schmetterling auch mit Mustern.

4 Wähle Muster aus Aufgabe 3 aus. Male sie mit Kreide auf den Gehweg. Male mit beiden Händen gleichzeitig.

5 Immer zwei Schmetterlinge wollen zu einer Blume. Fahre die Linien mit beiden Händen gleichzeitig nach. Zuerst mit dem Finger, dann mit dem Stift.

Wiederholung

1 Bemale die Vase mit verschiedenen Mustern.
Verwende unterschiedliche Farben.

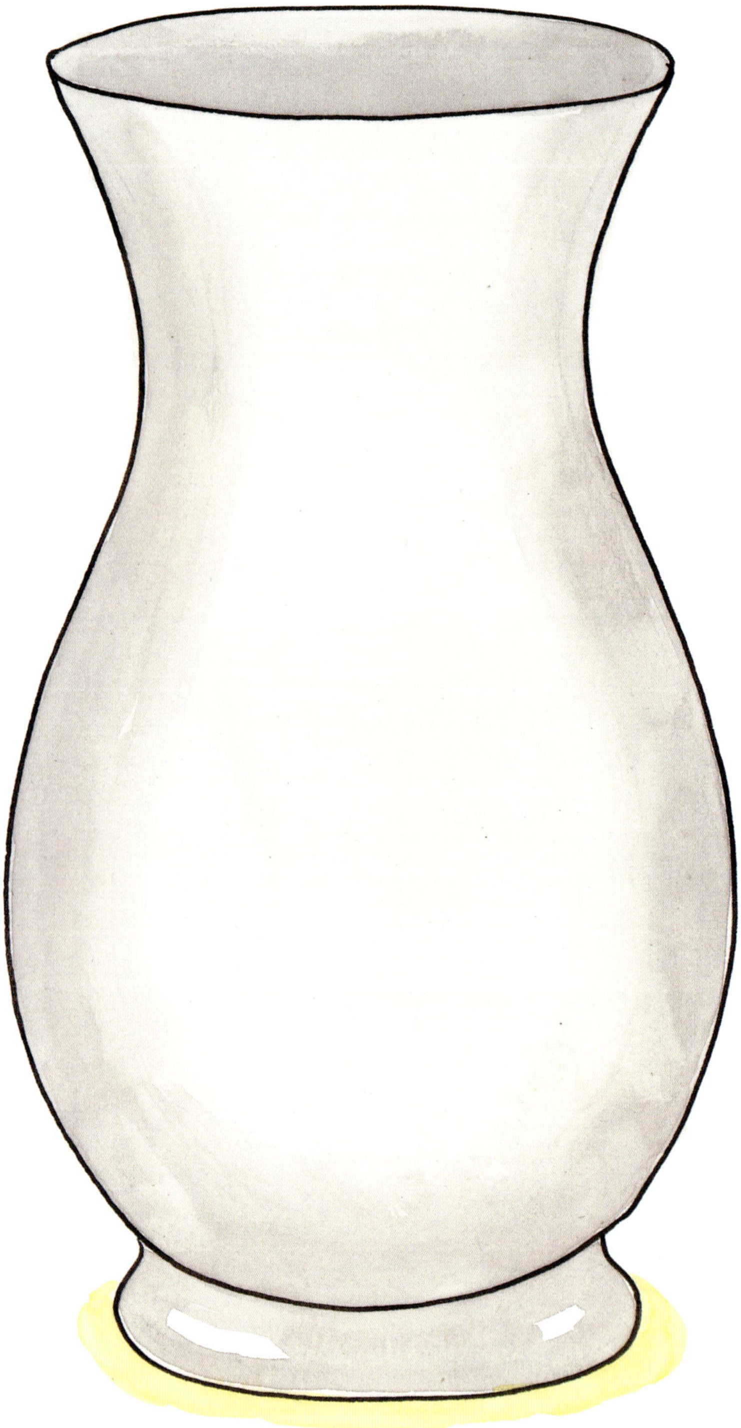

2 Fallen dir noch eigene Formen ein?
Wenn auf der Vase noch Platz ist, male sie dazu.

3 Male die Formen weiter.

4 So kannst du alle Formen weiterüben.

Große Formen malen:
a) Male die Formen in Groß mit einem Stock in den Sand.
b) Male die Formen in Groß auf ein Blatt Zeitung, auf ein Stück Tapete: Verwende Wasserfarben und dicke Pinsel, Fingerfarben oder Wachsmalkreiden in Blockform.

Formen raten:
Suche dir einen Partner.
Lass dir mit dem Finger Formen auf den Rücken malen.
Welche Form hast du erkannt?
Kannst du sie aufmalen?

Formen suchen:
Wo findest du solche Formen in deinem Zimmer, im Garten, im Park?
Wenn du magst, kannst du die Gegenstände, die du findest, nach der Form sortieren.

Formen laufen:
Laufe die Form auf dem Boden nach. Ein Fuß sollte dabei immer an den anderen stoßen.
Das kannst du auch einmal mit geschlossenen Augen versuchen.
Stelle dir dabei die Form ganz genau in deinem Kopf vor.

Knack den Code

Auf jeder Doppelseite ist eine kleine braune Lupe versteckt.
Darin findest du jeweils ein Bild.

- Verbinde die Bilder der Reihe nach.
  Jetzt siehst du, worauf sich Konfetti schon freut.

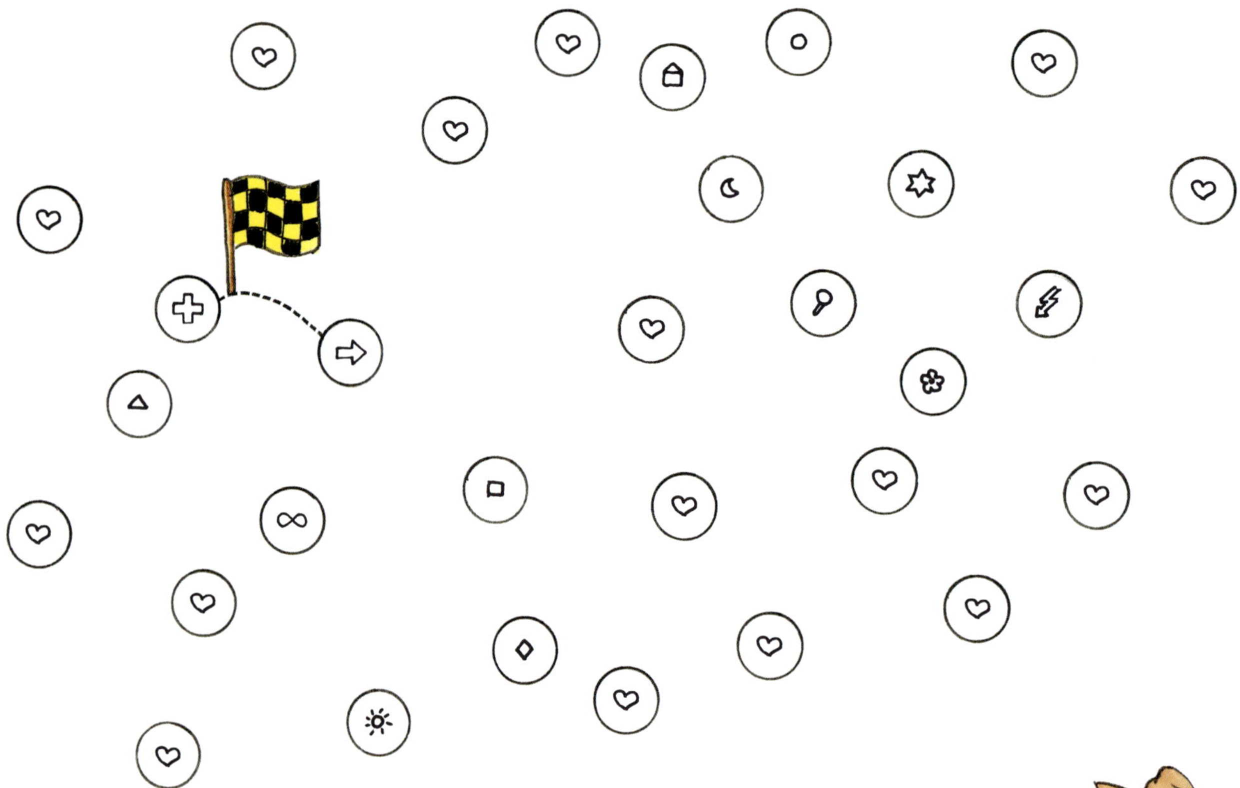

Hast du alle Aufgaben gelöst und das Lösungswort gefunden? Super! Dann bist du jetzt bereit für den Profitest auf der nächsten Seite! Viel Spaß!

1 **Male die Formen erst in die Luft und dann ins Heft.**

1.

2.

3.

4.

5.

Für jede fertig gestellte Reihe bekommst du 2 Punkte.

2 **Fahre die Form ohne abzusetzen 10-mal nach.**

Hast du es geschafft? Dann bekommst du 4 Punkte.

3 **Fahre die Schneckenhäuser mindestens fünfmal nach.**

Für jedes richtig nachgefahrene Schneckenhaus bekommst du 2 Punkte.

4 **Male die Formen weiter ohne abzusetzen.**

1.

2.

3.

4.

5.

6.

Für jede fertig gestellte Zeile bekommst du 2 Punkte.

Lösungen

Schwungübung 1 – Seite 44/45
4 Nein. Bei der zweiten Schlange fehlt ein gelbes Dreieck.

Schwungübung 2 – Seite 46/47
2 Es sind mindestens sieben U.
3 Es sind zehn Schüsseln.

Schwungübung 4 – Seite 50/51
1 Sie kann vier runde Uhren im Laden entdecken.
5 Ganz rechts oben und ganz links unten.

Schwungübung 5 – Seite 52/53
2 Es sind 5 blaue Fähnchen. Das Verkehrsschild hat die Form eines V.
4 Hose 3 hat die meisten V.

Schwungübung 6 – Seite 54/55
4 5 blaue, 2 rote, 2 grüne

Schwungübung 8 – Seite 58/59
1 Es sind 7 Schweine.
4 Mistgabel

Schwungübung 9 – Seite 60/61
3 Es sind fünf.

Schwungübung 10 – Seite 62/63
3 Es sind 8 Blumen.

Geometrische Formen – Seite 64/65
1 Das rote Haus.

Zackige Formen – Seite 66/67
4 M, W, Z, V, N

Runde Formen – Seite 68/69
2 Es sind 5 Blumen mit 6 Blütenblättern.
3 Es sind 7 Blumen.

Knack den Code – Seite 74
Die Lösung ist „Knochen“.

Auswertung des Profitests – Seite 75

32-27 Punkte
Super! Du bist ein Profi in Schwungübungen!

26-19 Punkte
Das hast du prima gemacht!

18-9 Punkte
Mit ein bisschen Übung klappt es bald noch besser.

8-0 Punkte
Mache noch ein paar Schwungübungen, dann klappt es sicher.

Mein Name: ______________________

Mein Name: ______________________

A
L
B
L
C
E
S
E
B
E
U
L